AF307510

Auf den Punkt gebracht

Der kleine Ratgeber für Veränderungen

Für dich, für mich, für uns

Inhalt

Dieser kleine Praxisratgeber für persönliche Veränderungen (NLP, Schenken, Pareto, Quantenharmonie, Huna, Liebe, Loslassen etc.) ist kurz und auf den Punkt gebracht. Du hast das Entscheidende von allem in Kurzform zur Hand. 12 Themen auf 12 Seiten und jedes Mal die praktische Übung dazu.

Autor

Martin B. Stutz, geboren 1965 in Bern, ist selbstständig im Finanz- (www.finanz-gesundheit.ch) und Coaching Bereich tätig. Sein grosses und langjähriges Interesse an den im Buch beschriebenen Themen, seine eigenen positiven Erfahrungen und sein Sabbatical (www.3000km.jimdo.com) bestärkten ihn, diesen Ratgeber zu schreiben.

Bibliografische Information der Deutschen Nationalbibliothek:
Die Deutsche Nationalbibliothek verzeichnet diese Publikation in der Deutschen Nationalbibliografie; detaillierte bibliografische Daten sind im Internet über www.dnb.de abrufbar.

© 2015 Martin B. Stutz, Bern
2. Auflage 2018
Herstellung und Verlag:
BoD – Books on Demand, Norderstedt

ISBN 978-3-7386-2028-3

Vorwort

Wieder ein neuer Ratgeber! Gibt es nicht genug davon? Zu jeglichen Sachgebieten wie Bestellung, Loslassen, Liebe, NLP, Schenken, Pareto, Huna, Visualisieren etc. existieren bereits Hunderte von Büchern.

Mein kleiner Ratgeber ist anders! Er ist kurz und bringt das Wesentliche auf den Punkt. Mit diesem Ratgeber hast du das Entscheidende von allem in Kurzform zur Hand. 12 Themen auf 12 Seiten und jedes Mal eine praktische Übung dazu. Ein grosses Fachbuch mit viel Theorie ist schön und gut, aber ich will Praxis, und ich will alles sofort anwenden können.

Auf der linken Seite findest du jeweils die Einführung in das Thema, auf der rechten Seite die Übung und ein dazu passendes Zitat. Einzelne Übungen sind einfach, andere ein bisschen schwieriger. Manche überschneiden sich in der Thematik. Einzelne sind täglich und andere sind von Zeit zu Zeit anzuwenden. Die Reihenfolge ist nicht wichtig. Gewisse Themen werden dich mehr interessieren, andere weniger. Du kannst entscheiden.

Du musst nicht jedes Wort glauben, du kannst bei einzelnen Themen Zweifel haben. Dies spielt überhaupt keine Rolle. Das Wichtigste und das Entscheidende aber ist, die Übungen anzuwenden. Das Allerbeste ist, wenn du die Übungen ganz automatisch machst.

Ich wünsche dir mit meinem kleinen Ratgeber viel Spass und Erfolg.

Anwenden, und du wirst staunen!

Inhalt

Auf den Punkt gebracht
Der kleine Ratgeber für Veränderungen

12 Themen und 12 Übungen zum Erleben

1.   Liebe

Nicht erschrecken! Sprich es ruhig nochmals aus: L-I-E-B-E.

Liebe ist das einzige Gefühl, welches auf der ganzen Welt existiert: Blumen, Tiere, Menschen, Dinge und Engel, alle sind empfänglich für die Liebe. Ich schreibe hier nicht nur von Liebe zwischen zwei Menschen, sondern von der allumfassenden Liebe, der stärksten Macht im Kosmos. Bedingungslose Liebe. Liebe also, die keine Bedingungen stellt. Die einfach liebt. Liebe und Freude haben die stärkste Anziehungskraft.

Liebe ist Einheit. Wir sind hier, um zu lieben.

Liebe alles, was du tust. Liebe alle Menschen, denen du begegnest. Liebe alle Dinge, die dir widerfahren. Liebe alle Sachen, die du siehst. Liebe erzeugt keinen Widerstand und führt somit am schnellsten zum Ziel. Was immer auch geschieht, liebe es. Alles ist gut, wie es ist.

«Liebe deinen Nächsten wie dich selbst.» Diesen Satz kennst du sicher. Und merke dir: «wie dich selbst». Dies ist ein sehr wichtiger Bestandteil dieses Satzes. Bevor du dich nicht selbst liebst, kannst du auch nicht andere oder anderes lieben. Nimm dich so an, wie du bist. Deine Eigenheiten, deine Eigenschaften machen dich aus. Liebe sie.

Übung
Lieben (Zeitbedarf: 5 Sekunden)

1. Sage dir immer wieder Folgendes:
«Ich weiss, ich bin, es ist einfach, ich liebe.»

«Liebe und die Welt liebt zurück. Lächle und die Welt lacht zurück.»
(unbekannt)

2.   Schenken

Schenken? Ich habe doch nichts zu verschenken, ich habe selbst nicht viel.

Okay, okay, schon gut. Bei diesem Thema geht es auch nicht darum, dass du jetzt sofort ein schönes Geschenk oder einen Geldumschlag für deine Liebsten bereitmachst.

Hier geht es darum, Liebe, Aufmerksamkeit, ein Lächeln zu verschenken. Und achte darauf, dass deine Handlung auch tatsächlich ein Schenken ist, dass du dies wirklich so meinst und fühlst.

Ich schreibe hier auch nicht von den Weihnachts- oder den Geburtstagsgeschenken, sondern vom spontanen Schenken zwischendurch. Also kleine Sachen, kleine Dinge, die mit viel Liebe für die Beschenkten ausgesucht werden. Die ehrliche Geste, die einem Bedürfnis des Herzens entspringt, einem lieben Menschen etwas zu geben. Dies und nur dies ist das wahre Schenken.

Nun zum Kleingedruckten: Wahres Schenken gibt sowohl dem Beschenkten wie dem Schenkenden ein gutes Gefühl. Schenken ist somit nie uneigennützig.

Übung

Schenken (Zeitbedarf: 15 Sekunden)

1. Bei der Arbeit, im Supermarkt, im Trainingscenter etc.: Achte auf eine dir sympathische Person.

2. Schaue der Person in die Augen, lächle sie an und schenke ihr einen Moment deiner ungeteilten Aufmerksamkeit.

3. Freue dich an deiner Freude.

«Die gebende Hand wird niemals leer.»
(unbekannt)

3.   Pareto

Das Pareto-Prinzip, benannt nach Vilfredo Pareto (1848–1923), auch bekannt als «80/20-Regel», besagt, dass 80 Prozent der Ergebnisse mit 20 Prozent Aufwand erreicht werden können. Die restlichen 20 Prozent der Ergebnisse benötigen somit mit 80 Prozent den grössten Aufwand.

Auf dein Leben übertragen heisst das, dass 20 Prozent der eigenen Anstrengungen für 80 Prozent deines persönlichen Erfolgs verantwortlich sind. Folge diesem Gedanken und du erkennst, dass du dich vorrangig auf diese 20 Prozent konzentrieren musst, um die schnellsten Erfolge zu erzielen.

Nun die grosse Frage: Welche Tätigkeiten gehören zu den wesentlichen 20 Prozent? Schwierig, schwierig, entscheidend ist jedoch: Setze Prioritäten. Weiter ist es wichtig, zuerst die «Routinearbeiten» zu erledigen und sich erst danach den Details zu widmen (Beispiel Fensterputzen: vorerst jedes Fenster im Schnelldurchlauf, erst nachher perfektionieren; Beispiel PowerPoint-Präsentation: zuerst Inhalte und Bilder einfügen, erst danach mit Darstellung, Farbe, Formen etc. basteln). Das heisst, sich anfangs nicht in den Details zu verlieren.

Beachte: Oft reichen die 20 Prozent Aufwand, aber es gibt einige Dinge, bei denen auch die restlichen 80 Prozent des Aufwands benötigt werden.

Übung

80 Prozent Ertrag mit 20 Prozent Aufwand (Zeitbedarf: ?)

1. Erkenne, welche Tätigkeiten zu den 20 Prozent gehören, die den schnellsten Erfolg bringen.

2. Erledige hauptsächlich und immer zuerst diese 20-Prozent-Tätigkeiten.

3. Erkenne, welche Tätigkeiten überflüssig sind.

4. Verzichte auf diese überflüssigen Tätigkeiten oder schränke sie ein.

5. Sage Nein zu allem, was deinen Zielen oder deinem Wohlbefinden nicht förderlich ist.

6. Geniesse die Zeit, die du gewinnst, wenn du dich auf die wirklich wichtigen Dinge in deinem Leben konzentrierst.

«Wer Zeit nutzt, hat Zeit gewonnen.»
(unbekannt)

4.   Huna

Huna sind hawaiianische Lebensweisheiten und dienen der Weiterentwicklung der Menschen und des Zusammenlebens. Wörtlich übersetzt bedeutet das Wort «Geheimnis».

Die Huna-Lehre geht davon aus, dass wir unsere Realität selbst schaffen, indem wir ein ganz bestimmtes System von Glaubenssätzen und Meinungen haben, das unsere Aktionen und Reaktionen, Gedanken und Gefühle bestimmt. Dieses System ist aber glücklicherweise veränderbar. Wir können unsere Glaubenssätze und damit unser ganzes Leben positiv verändern, wenn es uns gelingt, Zugang zu den verborgenen Aspekten unserer Persönlichkeit zu bekommen und sie in unser Bewusstsein zu holen.

Im Mittelpunkt von Huna steht immer der Mensch, und zwar nicht irgendein Mensch, sondern du selbst als «Geist vom Geiste des Schöpfers» und als solcher untrennbar in jedem Augenblick mit ihm verbunden.

Die sieben Huna-Weisheiten:

1. Die Welt ist, wofür du sie hältst.
2. Es gibt keine Grenzen.
3. Energie folgt der Aufmerksamkeit.
4. *Jetzt* ist der Augenblick der Kraft.
5. Lieben bedeutet, glücklich zu sein mit ….
6. Alle Kraft kommt von innen.
7. Wirksamkeit ist das Mass der Wahrheit.

Übung

Glaubenssätze erkennen (Zeitbedarf: 15 Minuten)

1. Überlege dir, welche Sätze du von deinem ersten bis siebten Lebensjahr immer wieder gehört hast von Mutter, Vater, Geschwistern, Kindergärtnerin etc. (z.B. du musst brav sein, ich werde es sonst dem Vater erzählen), und schreibe sie auf.

2. Überlege dir, welche Sätze du von deinem achten bis vierzehnten Lebensjahr immer wieder gehört hast vom Lehrer, Fussballtrainer etc. (z.B. du bist so intelligent, du bist faul), und schreibe sie auf.

3. Überlege dir, welche Sätze du von deinem fünfzehnten bis einundzwanzigsten Lebensjahr immer wieder gehört hast in der Lehre, während des Studiums, im Ausgang etc. (z.B. du schaffst das nicht, du bist so wundervoll), und schreibe sie auf.

4. Lies deine Listen. Möglicherweise gibt es Sätze, die du noch immer kennst und die dich noch immer beeinflussen. Bei anderen wird dir vielleicht erst jetzt bewusst, dass du sie immer noch im Unterbewusstsein verwendest. Werte nicht; überlege in aller Ruhe.

5. Erkenne, welche Sätze du weiterhin gebrauchen willst und welche zum jetzigen Zeitpunkt völlig unangebracht sind. Mache dir all deine Glaubenssätze bewusst; verändere oder lösche sie, falls nötig.

«Du bist, was du denkst.»
(unbekannt)

5.   Danken und segnen

Okay, dieses Thema mag dir vielleicht etwas zu «heilig» sein. Aber versuche es mal damit, hier kannst du unglaubliche Ergebnisse erzielen.

Vorerst muss ich hier Folgendes festhalten: Danken ist etwas sehr Entscheidendes. Der Dank für die gute Gesundheit, der Dank für die schöne Wohnung, der Dank für die tolle Arbeit, der Dank für den lieben Partner, der Dank für den Lohn geht oftmals vergessen. Auch du findest sicher vieles, wofür du mal Danke sagen kannst. Und wenn du dieses Danken noch mit sehr starken Gefühlen verbindest, kann es sehr viel Gutes bewirken.

Dasselbe gilt für das Segnen. Segnen bedeutet, einem lieben Mitmenschen die Kraft des Schöpfers zuzusichern und ihn mit heilvoller Kraft auszustatten. Sicher findest du viele liebe Menschen um dich herum, die du segnen möchtest.

In beiden Fällen gilt natürlich das Gesetz von «Aktion» (siehe Thema 9): Alles was du aussendest, kommt in irgendeiner Form zu dir zurück. Ganz uneigennützig ist das also nicht.

Es ist nicht verboten, nach dem Danken und Segnen auch ein Gebet zu sprechen. Du entscheidest, ob dies für dich stimmt.

Übrigens: Das Wort «Danke» kannst du jeden Tag oft verwenden (auch gegenüber Mitmenschen).

Übung

Danken und segnen (Zeitbedarf: 2 Minuten)

1. Du setzt oder legst dich bequem hin. Eine gute Zeit zum Danken und Segnen ist kurz vor dem Einschlafen oder frühmorgens nach dem Aufwachen.

2. Du segnest deine Liebsten um dich herum und dankst ihnen, zum Beispiel: «Ich segne Hans, Regula, Sarah etc. und danke ihnen, dass sie immer für mich da sind.» Oder ganz allgemein: «Ich segne alle Menschen, denen ich heute begegne, ich danke allen Menschen, die ich heute treffe.»

3. Du sprichst oder denkst ein kurzes Gebet, beispielsweise das Vaterunser oder auch ein eigenes.

4. Vergiss dich nicht: «Ich segne mich und danke mir selbst.»

«Wer reichlich sät, wird reichlich ernten.»
(unbekannt)

6.   Loslassen

Was versteht man unter Loslassen?

Leben heisst fliessen. Somit ist klar, dass ein Festhalten zu
Stillstand führt. Loslassen hat mit Leben zu tun, Festhalten
mit Blockade. Oft klammern wir. Wir haben Angst vor
Verlusten, Trennung, dem Alleinsein, dem Warten.

Es ist enorm wichtig, den aktuellen Zustand (in Bezug auf die
Situation, auf Menschen) zu akzeptieren. Verurteile nicht,
kämpfe nicht dagegen, denn dies bedeutet Energieverlust. Es
gibt so viele verschiedene Wege (manchmal mit Umwegen)
auf deiner Landkarte, die dir zeigen, wie du deinen
gewünschten Zustand (Situation/Menschen) erreichst. Aber
bewege dich und halte nicht fest, vertraue dir und deiner
Intuition und lasse los.

Loslassen können ist eine Form der Anpassung an ein
Ereignis oder an eine Situation. Du akzeptierst, dass dir etwas
widerfahren ist, das deinen Wünschen unter Umständen
widerspricht.

Loslassen können bedeutet Freiheit. Freiheit von negativen
Gedanken und Gefühlen. Aber du kannst dich auch real von
Dingen, Sachen, Menschen etc. trennen. Du wirst feststellen,
dass auch dies sehr befreiend sein kann.

Übung

Loslassen (Zeitbedarf: 5–20 Minuten)

1. Fühle tief in dich hinein und stelle dir den Zustand (die Situation, den Menschen) vor, den du loslassen willst. Spüre die entsprechenden Gedanken, die damit verknüpft sind.

2. Kann ich dieses Gefühl, diese Gedanken oder diese Erinnerung annehmen? Beantworte die Frage nicht so sehr mit dem Kopf, sondern mit deinem Bauchgefühl (ja, nein, vielleicht).

3. Kann ich wirklich *alles* annehmen? Versuche, störende Gedanken und Gefühle nicht wegzudrücken oder abzuändern. Lasse diese ruhig zu und frage dich, ob du sie annehmen kannst. Heisse auch störende Gedanken und Gefühle willkommen und nimm sie an.

4. Kann ich loslassen? Es spielt keine Rolle, ob du innerlich mit Ja oder Nein antwortest. Falls Ja, dann frage dich: Wann, auf welchen Zeitpunkt kann ich diese Sache loslassen? Falls Nein, beginne wieder bei Punkt 1, dann Punkt 2, dann Punkt 3. Wiederhole dies so lange, bis sich deine Gedanken und Gefühle abgeschwächt oder ganz aufgelöst haben. Lass deinen Bauch die Antwort geben und bastle sie nicht im Kopf. Es gibt keine falsche und keine richtige Antwort.

«Jede Begegnung ist eine Erfahrung, und jedes Loslassen eine Erkenntnis.»
(unbekannt)

7. NLP

Neurolinguistisches Programmieren ist eine erfolgreiche Methode, die Vorgänge im Gehirn mit Hilfe der Sprache (gesprochene Sprache, Gedanken, Gefühle, Einstellungen) zu beeinflussen und Veränderungsprozesse auszulösen. Im NLP gibt es unzählige Übungen, wie neue Programme im Gehirn installiert, wie bestehende erweitert und wie sie optimal genutzt werden können.

Tönt kompliziert, ist es auch. Aber keine Angst, ich stelle dir hier nur das Thema Zielbestimmung vor. Dieses ist – meiner Meinung nach – am leichtesten zu erlernen und erzielt die grösste Wirkung.

Warum überhaupt Ziele (Wünsche, Träume)? Ohne festes Ziel planschen wir so dahin im Leben, mit einem Ziel vor Augen hingegen setzen wir Leitplanken, und vor allem haben wir eine Aufgabe. Ziele können unterschiedlicher Art sein: nahe, einfach erreichbare Ziele, aber auch Ziele in der Ferne.

Wichtig ist loszulaufen; mache den ersten Schritt, mache den zweiten, die folgenden ergeben sich von alleine.

Die Klarheit eines Ziels ist von grösster Wichtigkeit, denn nur wenn das Ziel eindeutig definiert ist, wird auch deutlich, ob es ein befriedigendes, erfüllendes Ziel ist. Ob es ein Ziel ist, das zu erreichen sich lohnt.

Übung

Zielbestimmung (Zeitbedarf: 15 Minuten)

1. Was ist das Ziel? Setze keine Grenzen, vieles ist möglich.

2. Welche Werte werden mit deinem Ziel verwirklicht? Ansehen, Begeisterung, Ehrlichkeit, Einfachheit, Freiheit, Freude, Freundschaft, Glück, Harmonie, Herausforderung, Individualität, Liebe, Macht, Selbständigkeit, Würde etc.

3. Welches sind die Merkmale des Zielzustands? Überlege dir exakt, wann du dein Ziel erreicht haben wirst. Wie sieht dies aus? Welche Gefühle hast du? Wie geht es dir dann? etc.

4. Was wird sich durch das Erreichen des Ziels in deinem Leben verändern? Mache dir die Konsequenzen bewusst.

5. Was ginge durch das Erreichen eventuell verloren? Mache dir bewusst, was du alles entbehren oder verlieren könntest.

6. Welche Ressourcen sind zum Erreichen notwendig? Erstelle eine Liste, was du alles bereits weisst oder kannst. Erstelle eine Liste, welche Fähigkeiten du noch benötigst.

7. Formuliere mit Hilfe deiner Vorstellungskraft das Ziel. Formuliere dein Ziel positiv (z.B. ich werde abnehmen, ich werde mich durchsetzen). Setze eine Frist. Schreibe deinen Leitsatz auf.

8. Gibt es einen Grund, nicht jetzt, sofort, loszulegen?

«Ein Ziel, das man nicht sieht, kann man auch nicht treffen.»
(unbekannt)

8. Quantenharmonie

Die Quantenphysik brachte und bringt immer neue Erkenntnisse: Alles ist mit allem verbunden. Alles, was entsteht, ist bereits vorhanden. Es ist alles da, nur noch nicht konkret. Alles ist Energie.

Unsere Zellen sind alle von einem Energiefeld umgeben, die 100 Billionen Zellen eines Menschen sind alle miteinander verbunden. Und sie sind grundsätzlich alle in Harmonie. Disharmonie ergibt sich durch Gedanken an die Vergangenheit oder an die Zukunft. Vergangenes ist sowieso vorbei! Und über Künftiges musst du dir keine Sorgen machen. Wir sind im Hier und Jetzt.

Dazu gibt es das Zauberwort: reines Bewusstsein! Dieses steht über unserem Verstand, es ist rein und neutral, und es besitzt die Fähigkeit, sich immer wieder in den Urzustand zurückzuversetzen: Es reinigt und gibt uns Stille und positive Gefühle.

Und wie kommst du in dieses reine Bewusstsein? Augen schliessen und dir eine Frage stellen, die nicht so leicht zu beantworten ist, zum Beispiel: Woher kommt mein nächster Gedanke? Welche Farbe hat mein Gehirn? Das «Nichts», das sich danach einstellt, ist reines Bewusstsein. Jetzt musst du diese Lücke nur noch verlängern und wirken lassen – das ist alles.

Übrigens: *Der heutige Tag ist immer der wichtigste.*

Übung

Bewusstsein (Zeitbedarf: 3 Minuten)

1. Schliesse die Augen.

2. Lasse nun positive Wörter wie Energie, Erfolg, Familie, Freude, Gelassenheit, Geld, Gesundheit, Glück, Harmonie, Heiterkeit, Kreativität, Liebe, Mut, Natur, Ruhe, Vertrauen, Wohlstand etc. in deinen Gedanken vorbeiziehen.

3. Wähle davon eines aus, das dich fesselt oder von dem du dich angezogen fühlst.

4. Beobachte dieses Wort, wie wirkt es?

5. Möglicherweise verändert es sich? Wird es grösser, heller, bunter? Verblasst es, blinkt es?

6. Sollte ein neues Wort auftauchen, lasse es ruhig zu und beobachte es weiter.

7. Nimm dir jeden Tag zwei bis drei Minuten Zeit für die Beobachtung.

8. Geniesse den Frieden, freue dich über die Wirkung.

«Alles Ursprüngliche, und daher alles Echte im Menschen wirkt, als solches, wie die Naturkräfte, unbewusst.»
(A. Schopenhauer)

9.   Aktion

Jetzt geht es ans Eingemachte. Bisher haben wir vor allem mit unserem Denken gearbeitet. Nun geht es darum, das von uns Gewünschte auch umzusetzen. Dies ist oftmals das Schwierigste. Wir können in Gedanken lieben, bestellen, danken, segnen, Ziele bestimmen, visualisieren etc., aber unsere Handlung, unser Tun muss auch mit unserem Denken harmonieren.

Achtung, fertig, drauflos. Es kann nichts passieren. Keine Angst, keine Zweifel, kein Zögern, mache es einfach. Auch hier gilt: loslaufen, mache den ersten Schritt, mache den zweiten, die folgenden kommen von alleine. Wenn du nichts wagst und machst, passiert auch nichts, es gibt keine Reaktion. Also zuerst eine Aktion von dir, die Reaktion folgt dann automatisch: das gute Gefühl, etwas erledigt zu haben, eine herausfordernde Tätigkeit ist vorbei, es entwickelt sich Neues, du lernst neue Menschen kennen etc.

Wirf den ersten Stein, beleuchte den ersten Kilometer, danach läuft es von selbst: Aktion–Reaktion–Aktion–Reaktion etc.

Aktion–Reaktion gilt natürlich nicht nur beim Tun, beim Machen. Das Prinzip von Aktion und Reaktion funktioniert natürlich auch mit Gedanken: Wünsche beispielsweise all deinen Mitmenschen alles Liebe und Gute. Auch so wirst du früher oder später eine Reaktion spüren!

Übung

Tun statt lesen (Zeitbedarf: 5–30 Minuten)

1. Überlege dir, was du jetzt erledigen kannst, anstatt diese Zeilen zu lesen.

2. Aufgabe auswählen (staubsaugen, waschen, telefonieren, Steuererklärung ausfüllen etc.).

3. Motivatoren finden und stärken (z.B. «Ich bin glücklich, wieder mal mit Hans telefoniert zu haben» oder «Endlich glänzt meine Wohnung, nun freue ich mich auf Besucher»).

4. Buch zur Seite legen.

5. Aufgabe erledigen.

6. Freude, etwas erledigt zu haben, und weiterlesen.

«Manchmal gewinnt man und manchmal lernt man.»
(unbekannt)

10. Bestellung

Bestellung? Was, wie, wo? Dieser einfache Trick funktioniert immer wieder. Sobald du etwas willst, bestelle es beim Universum oder bei wem auch immer (beim Nachbar, bei der Arbeitskollegin etc.). Beim Universum bestellen ist aber am einfachsten und erzeugt keine Widerstände (der Nachbar ist unter Umständen nicht einverstanden).

Setze dich am besten in einen bequemen Sessel oder lege dich auf dein Bett, gehe in einen meditativen Zustand und stelle dir voller Freude und mit möglichst grossem Spass und Leichtigkeit vor, wie dein Wunsch bereits erfüllt ist. Wenn du dabei entspannt genug bist, geschieht es typischerweise sofort oder nach wenigen Tagen. Die Idee für eine bestimmte, inspirierende Handlung kommt vielleicht auch erst nach ein paar Wochen.

Es geht dabei letztlich nur darum, wie erfolgreich wir darin werden, uns das gewünschte Ergebnis so gut wie möglich in allen Wahrnehmungskanälen vorzustellen und das so lange zu tun, bis wir dort angekommen sind.

Dies funktioniert zum Beispiel bei der Arbeitssuche oder bei der Partnersuche. Aber auch bei einfachen Dingen wie beispielsweise der Suche nach einem freien Parkplatz oder dem Wunsch, jemanden wieder einmal zu sehen.

Übrigens: Das «Bestellen» kannst du wunderbar mit dem nachfolgenden Thema «Visualisieren» kombinieren.

Übung

Bestellen (Zeitbedarf: 3 Minuten)

1. Du setzt oder legst dich bequem hin. Eine gute Zeit zum Bestellen ist kurz vor dem Einschlafen, es kann aber jederzeit im Alltag eingesetzt werden.

2. Du wählst deinen Wunsch.

3. Du lässt den Wunsch in deinen Gedanken kreisen. Stelle dir die Situation vor, wenn dein Wunsch bereits erfüllt wäre.

4. Und sage oder denke locker und leicht: «Ich bestelle mir mein .... beim Universum.»

5. Freue dich am Ergebnis.

«Alles trifft im Leben ein, sogar das, was man sich wünscht.»
(B. Le Bovier de Fontenelle)

11. Visualisieren

Positives Visualisieren darf natürlich nicht fehlen. Wir alle erleben oft, dass etwas nicht so abläuft, wie es sollte. Dies kann unangenehme Situationen betreffen oder Personen, in deren Gegenwart wir uns nicht wohlfühlen. Es kann sich aber auch um Wünsche handeln.

Hier kommt das Visualisieren zum Einsatz. Vor dem Ereignis setzt du dich in dein privates Kino. Lass deinen positiven Film ablaufen. Wie muss das Ganze ablaufen, dass es für dich stimmt? Versuche die Farben, die Sprache zu verändern, Musik oder gute Düfte hinzuzufügen etc. Verändere, füge Dinge hinzu, bis die Situation von A bis Z für dich passt. Je intensiver diese inneren Bilder sind und je stärker sie mit Emotionen verbunden werden, desto effektiver ist das Visualisieren.

Der Effekt wirkt besonders stark mit dem Thema «Bestellung beim Universum». Wünsche und stelle dir den Film so vor, wie er für dich persönlich ablaufen muss. Sobald du deinen perfekten Film zur Premiere fertig hast, lasse ihn vor deinem inneren Auge ablaufen und spüre die positive Veränderung.

Bei diesem Thema lernst du auch einen Anker zu setzen. Du suchst dir einen Augenblick in der Vergangenheit aus, in welchem du dich unbesiegbar gefühlt hast (siehe Übung «Bester Moment»). Befindest du dich nun in der unangenehmen Situation oder kurz davor und weisst noch nicht, ob es so laufen wird, wie du es visualisiert hast: Benütze den Anker und du bist in deinem Film. Teste es!

Übung
Bester Moment (Zeitbedarf: 10 Minuten)

1. Ressourcen-Situation finden: Erinnere dich an eine Situation, in der du alle deine Fähigkeiten zur Verfügung hattest, in einer hervorragenden Verfassung warst (unbesiegbar), dich ausgezeichnet gefühlt hast oder einfach gut drauf warst.

2. Erinnere dich genau an diese Situation, denke an sie (im Präsens) und mache dir ein Bild: «Ich fühle mich stark, wach, lebendig. Meine Körperhaltung ist aufrecht. Ich rieche den Duft. Ich sehe …, ich höre …, ich fühle …»

3. Suche dir den schönsten, mit den intensivsten Gefühlen verbundenen Moment, den entscheidenden Augenblick heraus (wenn er kurz ist, verlängere ihn) und geniesse ihn.

4. Anker setzen: Bei vollem Geniessen eine bestimmte Geste machen, zum Beispiel Daumen rauf, Fingerdruck auf Knie oder Fingerknöchel oder Ellbogen, am Ohr ziehen, räuspern, «Ja» sagen etc.

5. Denken abbrechen und ins Hier und Jetzt zurückkehren (z.B. eigenen Namen rückwärts buchstabieren).

6. Anker testen: Geste machen und fühlen.

7. Bei nächster Gelegenheit ausprobieren (good feeling).

«Wer keine Visionen hat, vermag weder Hoffnungen zu erfüllen noch Vorhaben zu verwirklichen.»
(T. Woodrow Wilson)

12. Kreativitätstechnik

Was wäre unser Leben ohne Ideen, ohne neue Pläne, ohne neue Wünsche, ohne neue Visionen, ohne neue Hoffnungen?

Ideen zu entwickeln ist etwas sehr Zentrales. Es sollte kein Tag vergehen, ohne dass du Neues entwickelst, Neues erfindest. Dies kann etwas Alltägliches sein, im Haushalt oder bei der Arbeit. Es können aber auch umwerfende, weitreichende, ferne Ideen sein.

Hier und jetzt heisst dies: wieder loslassen und voran. Lass deinen Fantasien freien Lauf. Erfinde, entwickle Neues, ändere Altes. Suche dir überall neue Einfälle, teile deine Leidenschaft mit anderen, frage nach Leidenschaften von anderen, lass dich von ihnen inspirieren. Arbeite mit deinen Ideen, ändere sie, perfektioniere sie und freue dich darüber.

Zweifle nicht an deinen Ideen. Hier geht es darum, möglichst viel zu entdecken. Eine Idee, ein Plan lässt sich verwirklichen, ein anderer muss noch geändert werden – und natürlich gibt es Ideen, die sich nicht umsetzen lassen.

Noch etwas sehr Wichtiges: Sei flexibel in Bezug auf deine Ideen und Pläne. Halte möglichst viele in der Hinterhand. Arbeite mit den besten, aber lasse dir die Möglichkeit offen, auf andere zurückzugreifen. Du wirst die Suchtgefahr entdecken: Wenn du beginnst, Ideen und Pläne zu sammeln, werden sich immer neue ergeben.

Übung

Ideensammlung (Zeitbedarf: 30 Minuten)

1. Ideen finden. Erstelle eine Liste (auf PC, Handy oder in deinem Kopf) mit sämtlichen Ideen, Plänen, Visionen und Wünschen, die dir in den Sinn kommen. Es braucht keine Ordnung, einfach nur aufschreiben. Suche auch nicht nach Kritik, nach Bewertung, einfach nur aufschreiben.

2. Ideen ordnen. Übertrage alles auf eine neue Liste. Ordne sie, wie du es willst. Das kann alphabetisch sein, das kann nach Lebensbereichen (Arbeit, Privates) geordnet sein etc. Dabei kommen sicher ein paar neue Ideen dazu. Aber mache bitte immer noch keine Bewertung.

3. Ideen aussortieren. Sorry, nochmals eine neue Liste – oder noch besser durchstreichen oder nummerieren: Welche sind einfacher zu verwirklichen, welche schwieriger?

4. Ideen konkretisieren. Nimm drei Ideen näher unter die Lupe. Mache dir konkrete Gedanken zur Umsetzung, ändere und verbessere sie. Möglicherweise wirst Du wieder neue Anregungen entdecken. Schreibe auch diese auf.

5. Setze sie um!

6. Nimm die nächsten drei in Angriff etc.

«Wenn Plan A nicht funktioniert: Macht doch nichts, das Alphabet hat ja noch 25 andere Buchstaben.»
(unbekannt)